Camille va chez le docteur

– Tu sais, Nounours, tout à l'heure,
maman m'emmène chez le docteur.

– Elle m'a dit qu'il allait me faire une piqûre
et que ça faisait presque pas mal.

– Moi, je sais bien
que ça fait très mal.
Bérengère, elle me l'a dit.
Ça pique fort !

– Le docteur, après, il lui a donné un bonbon.
Mais ma mamie à moi, elle me donne des bonbons
et elle me fait même pas de piqûre.

– Maman !
dit Camille
en descendant
l'escalier,
Nounours veut
bien aller
chez le docteur
à ma place.
Et puis,
il me rapportera
le bonbon.
Il n'en mange pas,
il n'aime pas ça !

– Voyons, Camille ! Le docteur doit te faire une piqûre à toi et pas à Nounours !

– Je lui avais bien dit, à Nounours, que tu ne voudrais pas, fait Camille en soupirant.

Une heure après, Camille est dans la salle d'attente.
– Dis, maman, est-ce que je vais avoir un trou dans le bras après la piqûre ? demande-t-elle tout bas.

– Un trou, bien sûr que non ! Quelle idée !
Tu auras juste un tout petit point tout minuscule !

– Et si je pleure très fort,
il me donnera quand
même un bonbon,
le docteur ?
– Bien sûr, ma chérie.

Quelques minutes plus tard, Camille est devant le docteur.
Elle regarde la seringue et serre bien fort Nounours
dans ses bras.

– Tu as peur ?
demande gentiment
le docteur.
– Oui, un peu,
répond timidement
Camille.

– Ne t'inquiète pas. Ça fait un peu mal, c'est vrai.
Mais ça passe vite. À trois, ce sera fini.

– 1...2...3 ! Et voilà ! fait le docteur en souriant.

– J'ai presque pas eu mal ! fait Camille fièrement.
Est-ce que je peux avoir un bonbon maintenant ?

– Je suis désolé ! J'ai donné le dernier hier soir et je n'ai pas eu le temps d'en acheter d'autres !

– C'est pas grave, fait Camille. J'ai apporté les bonbons que ma maman m'a donnés tout à l'heure. Vous en voulez ?

Imprimé en Belgique